1 MONTH OF FREE READING

at

www.ForgottenBooks.com

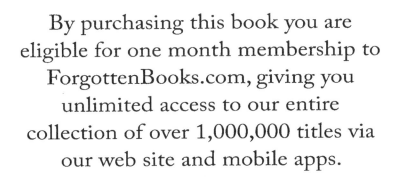

By purchasing this book you are eligible for one month membership to ForgottenBooks.com, giving you unlimited access to our entire collection of over 1,000,000 titles via our web site and mobile apps.

To claim your free month visit:

www.forgottenbooks.com/free620247

ISBN 978-0-666-92412-4
PIBN 10620247

For support please visit www.forgottenbooks.com

VERÖFFENTLICHUNGEN DES BEETHOVENHAUSES
BONN

I

Beethoven

über eine Gesamtausgabe seiner Werke

Veröffentlichungen des Beethovenhauses in Bonn

Im Auftrag des Vorstandes herausgegeben

von

Professor Dr. Ludwig Schiedermair

I

Bonn 1920

Verlag des Beethovenhauses

Für den Buchhandel: Kurt Schroeder, Verlag, Bonn

Beethoven
über eine Gesamtausgabe seiner Werke

Nachbildung eines unbekannten Schriftstücks
aus dem Beethovenhaus mit Erläuterungen von

Dr. Max Unger, Leipzig

Bonn 1920

Verlag des Beethovenhauses

Für den Buchhandel: Kurt Schroeder, Verlag, Bonn

Von dieser ersten Veröffentlichung des Beethoven=
hauses in Bonn wurde eine einmalige Auflage von
achthundertfünfzig
in der Presse numerierten Exemplaren hergestellt.
Dieses Exemplar trägt die Nr. **0842** ✳
Die Exemplare Nr. 1—20 wurden auf Bütten ab=
gezogen und in Halbleder gebunden.

Seit die Gesamtausgaben der Briefe Beethovens (Kalischer 1906—10, Prelinger 1907, Kastner 1910) erschienen sind, tauchen nur ab und zu — etwa alle paar Jahre — ein oder einige neue unbekannte oder von den Herausgebern übersehene gedruckte Schriftstücke des Meisters auf. Die letzte grosse Ueberraschung war wohl die Auffindung der vielen Briefe an den Dichter Bernard und andere mit der Erziehung des Neffen Karl zusammenhängende Schriftstücke, die Kastner noch eben mit in seine Ausgabe aufnehmen konnte. Seitdem ist wohl kein neues Schreiben ans Licht gekommen, das Beethovens Wesensart so reich und bezeichnend widerspiegelt wie das diesem Hefte in der Nachbildung angefügte. Wie man sehen wird, ist es kein eigentlicher Brief: Es fehlen sowohl Ueberschrift und Anrede im Inhalte wie die Unterschrift. Trotzdem ist das Schriftstück wohl für eine andere Person, nicht nur, wie gewiss manchmal bei Beethoven, für eigene Zwecke aufgesetzt; denn einmal stehen doch ein paar Worte da, die noch jemand anders als Mitleser voraussetzen ("unter uns gesagt" gegen Ende des Schreibens), dann kann man sich wohl denken, dass die Richtlinien, die er für eine Gesamtausgabe seiner Werke gab, nicht nur für ihn allein, sondern vielleicht als Anhalt zu einer öffentlichen Anzeige für einen Zweiten, etwa einen Verleger oder sonst nur eine Mittelsperson, bestimmt waren. Das Schriftstück, das jetzt im Besitze des Beethovenhauses in Bonn ist, sei hier im voraus in der ganzen besonderen Schreibweise des Tondichters getreulich wiedergegeben:

„Wie die Gesezbücher sogleich bei den Menschenrechten, welche die Vollzieher bey alle dem mit Füßen treten, anfangen, so der Autor

§ Ein Autor hat das recht eine revidirte ausgabe seiner werke zu veranstalten, da es aber der leckern gehirns=koster u. liebhaber dieser edlen speise so viel gibt u. allerlei Eingemachtes ragout Frikassee etc davon zubereitet wird, [ausgestrichen: welches so] wovon sich die Pasteten=Bäcker bereichern, und der Autor froh wäre so viel Groschen zu haben, als man zuweilen für sein werk hinausgibt, so will der Autor zeigen daß das Menschengehirn weder Kaffee Bohnen noch sonst wie Käse verkauft werden könne, welcher bekanntlich erst aus Milch, Urin et[c.] zustande gebracht wird. —

§ Das Menschengehirn ist an sich unveräußerlich —

Kurzum man zeigt die Rechtmäßigkeit einer revidirten ausgabe aller werke von mir an, da so viele Unrichtige verfälschte herumwandeln (Anarchie) (Unter unß gesagt, so republikanisch wir denken, so hat's auch sein gutes um die oligarchische=Aristokratie) daß man [ausgestrichen: vieleicht] der Kunst selbst schuldig sey, die Fortschritte des Künstlers u. der Kunst zu bemerken, daß jedes Heft von einer Gattung mit einem derley neuen Werk in dieser Gattung gepaart sey_n werde, daß man hiemit nur die anzeige mache, daß eine sämtliche Herausgabe meiner werke nahe, jedoch der Zeitpunkt dieses große[n] Unternehmen[s] noch nicht genau angegeben werde können [am Rande:] u. daß man eine vollständig revidirte Herausgabe Sämtlicher werke im Begriff sey, zu veranstalten."

Bevor wir die Frage nach einer Gesamtausgabe der Werke Beethovens, worauf ja das Schriftstück im Grunde hinausläuft, geschichtlich näher ins Auge fassen, erst ein paar kurze Erwägungen über den Sinn der ersten kleinen Absätze. Dem Künstlerbewusstsein des Meisters steht im voraus als selbstverständlich fest, dass ein geistig Schaffender das Recht hat, eine durchgesehene und verbesserte Gesamtausgabe seiner Werke zu veranstalten, ohne erst die Originalverleger um Erlaubnis zu fragen. Das Menschengehirn und -werk ist keine Krämerware, zumal keine unappetitliche, und kann durch Verkauf nicht in den unbeschränkten Besitz anderer übergehen. Nicht ganz sicher ist wohl der Sinn des Satzes festzustellen, der beginnt: „Da es aber der leckern Gehirnskoster . . . ." Wahrscheinlich sind unter diesen Gehirnskostern und Liebhabern dieser edlen Speise die Verleger zu verstehen, die davon „Eingemachtes, Ragout, Fricassee" usw. — nämlich allerhand Bearbeitungen — herstellen lassen, und unter den Pastetenbäckern diese Bearbeiter selbst. Vielleicht meint Beethoven mit jenen Gehirnskostern auch schon im weiteren Sinne die Nachstecher, die damals ihr Wesen ungestraft treiben durften; auf die Unrechtmässigkeit mancher Ausgaben deuten ja auch später die Worte, dass „so viele unrichtige, verfälschte herumwandeln". „Anarchie" nennt das kernig der Meister.

Und damit kommt er in ein paar Worten auf seine politische Gesinnung zu sprechen. Dass er Republikaner war, ist besonders durch eine auf Ries zurückgehende Ueberlieferung bekannt geworden — so bekannt, dass wir uns hier kaum darauf zu beziehen brauchten, wenn es nicht noch aus einem andern Grunde geschähe. Beethovens Schüler berichtet: „Bei dieser Symphonie [d. i. die Eroica] hatte Beethoven sich B u o n o p a r t e gedacht, aber diesen, als er noch e r s t e r C o n s u l war. Beethoven schätzte ihn damals ausserordentlich hoch, und verglich ihn den grössten römischen Consuln. Sowohl ich, als mehrere seiner näheren Freunde haben diese Symphonie schön in Partitur abgeschrieben, auf seinem Tische liegen gesehen, wo ganz oben auf dem Titelblatte das Wort ‚B u o n a p a r t e' und ganz unten ‚Luigi van Beethoven' stand, aber k e i n W o r t m e h r. Ob und womit die Lücke hat ausgefüllt werden sollen, weiss ich nicht. Ich war der erste, der ihm die Nachricht brachte, Bonaparte habe sich zum Kaiser erklärt, worauf er in Wut gerieth und ausrief: ‚Ist der auch nichts anders, wie ein gewöhnlicher Mensch! Nun wird er auch alle Menschenrechte mit Füssen treten [man beachte die Verwendung dieser Redensart auch am Anfange unseres Schreibens], nur seinem Ehrgeize fröhnen, er wird sich nun höher, wie alle andern stellen, ein Tyrann werden!" Beethoven ging an den Tisch, fasste das Titelblatt oben an, riss es ganz durch und warf es auf die Erde. Die erste Seite wurde neu geschrieben und nun erst erhielt die Symphonie den Titel: „Sinfonia eroica"."

Wie gross und anhaltend Beethovens Zorn auf den Corsen war, geht auch deutlich aus der Erzählung eines Barons de Trémont hervor, der im Jahre 1809 als Auditor beim französischen Staatsrat beauftragt worden war, Napoleon nach Oesterreich die Beschlüsse des Staatsrates zu überbringen und der dabei Beethoven kennen zu lernen wünschte. Dessen Jugendbekannter Anton Reicha gab ihm zwar etwas Schriftliches mit, aber er bemerkte u. a.: „Ich fürchte, dass mein Brief Ihnen nichts nützen wird. Seit Frankreich ein Kaiserreich geworden ist, verachtet Beethoven den Kaiser und die Franzosen derart, dass Rode, der erste Geiger Europas, auf der Reise nach Russland acht Tage in Wien geblieben ist, ohne von ihm empfangen zu werden . . ." Und als der Baron mit der Empfehlung wirklich von Beethoven empfangen wurde, erhielt er auf die Frage, ob er nicht Frankreich kennen lernen möchte, zur Antwort: „Ich habe es lebhaft gewünscht, bevor es sich einen Herrscher gab. Nun ist mir die Lust vergangen; dennoch möchte ich gern in Paris die Symphonien Mozarts hören . . ." Wenn endlich einer im Jahre 1819 dem schwerhörigen, fast tauben Meister ins Konversationsheft schreibt: „In 50 Jahren werden sich lauter Republiken bilden . . .", so war das gewiss dem Meister nach dem Munde geredet.

Wie aber: „So hat's auch sein Gutes um die oligarchische Aristokratie"? — Es ist nicht ganz denkrichtig von Beethoven, die republikanische Gesinnung in Gegensatz zur aristokratischen zu stellen; denn die aristokratische Staatsverfassung ist nur eine Form der republikanischen, der die demokratische gegenübersteht. Wir gehen wohl mit unserer Deutung nicht fehl: Beethovens politisches Bekenntnis ist ein Republikanismus, aber einer, der von der Geistesaristokratie beherrscht wird. Die Verbindungslinie von der „oligarchischen Aristokratie" zu Geisteswerken und deren Verwertung ist nun wohl leicht zu finden.

Wann das Schreiben entstanden ist, kann nicht mit unbedingter Sicherheit, nur mit einiger Wahrscheinlichkeit festgestellt werden. Nach den Schriftzügen im Bogen gehört es um das Jahr 1820. Inhaltlich in eine Zeit, wo eine Gesamtausgabe von Beethovens Werken nahe bevorstand, wenn auch der Zeitpunkt noch nicht genau angegeben werden konnte. Ein Ueberblick über die Entwickelung des Planes einer solchen Sammlung wird für unsern Zweck dienlich sein.

Vorausgeschickt sei, dass zu Beethovens Zeiten beinahe mehr Werke nachgestochen als durch rechtmässige Erwerbung veröffentlicht wurden. Wenn ein Schriftsteller oder Tondichter auf Ansuchen nicht gerade ein Privileg von beschränkter Dauer erhielt, so war sein Werk im In- und Auslande vogelfrei. Ein Privileg schützte ihn vor dem Nachdruck wenigstens im Inlande. Schon im Oktober 1803 sah sich unser Tonmeister genötigt, eine „öffentliche Warnung" gegen Carl Zulehner, einen „Nachstecher zu Mainz", loszulassen, der eine Gesamtausgabe seiner Werke für Klavier und Streichinstrumente angekündigt hatte. „Ich hätte zu einer Sammlung meiner Werke, welche Unternehmung ich schon an sich voreilig finde, nicht die Hand geboten, ohne zuvor mit den Verlegern der einzelnen Werke Rücksprache genommen und für die Correctheit, welche den Ausgaben verschiedener einzelner Werke mangelt, gesorgt zu haben . . . Ueber eine unter meiner eigenen Aufsicht und nach vorhergegangener strenger Revision meiner Werke zu unternehmende Sammlung derselben werde ich mich bei einer anderen Gelegenheit umständlich erklären." Damals war also Beethoven noch der Ansicht — oder tat wenigstens so —, dass er eine solche Sammlung nur im Einverständnis mit den früheren Verlegern unternehmen würde.

Die ersten eigentlichen Unterhandlungen über eine Gesamtausgabe führte Beethoven im Jahre 1810 mit Breitkopf & Härtel in Leipzig. Diese hatten schon einige solche Sammlungen, wie die der Werke Haydns, Mozarts, Clementis und Dusseks, veranstaltet oder begonnen und hätten auch Beethovens Werke gern vereint herausgegeben; doch gab es bei diesem mehr Bedenken als bei den anderen; so hatten sich im Laufe der Zeit die Ansichten über die Rechte des Originalverlegers geändert, auch waren Beethovens Werke nicht, wie die Clementis und Dusseks, zuerst im Auslande erschienen, ferner waren die Nachstecher gegen Beethoven ganz besonders geschäftig am Werk gewesen und nicht zuletzt die Zeiten schlimmere geworden. Trotz Härtels Hoffnung, die Schwierigkeiten zu überwinden, wurde der Plan aufgegeben; das Nähere darüber ist noch unbekannt.

Seit 1816 taucht der Gedanke von neuem auf. Fr. A. Hofmeister in Leipzig will Beethovens gesamte Klaviermusik neu herausgeben. Vom nächsten Jahre ab steht der Meister mit N. Simrock in Bonn in Unterhandlungen, die sich bis ans Ende 1820 hinziehen, aber im Sande verlaufen. Indessen schenken wieder ein paar Wiener Verleger — Steiner, Artaria und Eckstein, ganz besonders der erste — der Frage ihre Aufmerksamkeit. Noch im Jahre 1820 schreibt einer in Beethovens Konversationsbuch: „Eckstein will es so einrichten, dass Sie fortwährend allen Gewinn ziehen und auch Ihre späteren Werke als Ihr Eigentum verlegen. — Das 4. und 5. Stück müsse immer ein neues sein, das ist auch Ecksteins Meinung."

Wie sich Beethoven in späteren Jahren bei der Herausgabe seiner Werke — z. B. der Missa solemnis — über die Wahl des Verlegers manchmal nicht so schnell schlüssig werden konnte, so ganz besonders bei dem grossen Plan des Sammelunternehmens. Bestimmtere Richtlinien zeichnet er dafür in einem Briefe an C. F. Peters in Leipzig vom 5. Juni 1822 vor: „. . . Näher als das Alles liegt mir die H e r a u s g a b e m e i n e r s ä m t l i c h e n W e r k e sehr am Herzen, da ich selbe zu meinen Lebzeiten besorgen möchte; wohl manche Anträge erhielt ich, allein es gab Anstände, die kaum von mir zu heben waren und die ich kaum erfüllen wollte und konnte; ich würde die ganze Herausgabe in 2, auch möglich in 1 oder 1¹/₂ Jahr mit den nötigen Hülfsleistungen besorgen, ganz redigiren und zu jeder Gattung Composition ein neues Werk liefern, z. B. zu den Variationen ein neues Werk Variationen, zu den Sonaten ein neues Werk Sonaten und so fort zu jeder Art, worin ich etwas geliefert habe, ein neues Werk und für alles dieses zusammen verlangte ich zehntausend Fl. C. M. [Conventionsmünze] im 20 Fl. Fuß." Aber auch mit Peters kam es zu keiner Einigung : Dieser bedachte sich, obwohl nicht abgeneigt, zu lange und kam auch über andere Werke mit Beethoven nicht unter einen Hut.

Im 80. Jahrgang der Neuen Zeitschrift für Musik (1913, Nr. 30/31) hat der Verfasser dieser Ausführungen nachzuweisen versucht, dass mit einer Gesamtausgabe tatsächlich ein Anfang gemacht wurde. Seine neueren Forschungen haben jedoch noch einige Zweifel daran ergeben. Bei der Bedeutung der Angelegenheit für unser neues Schriftstück wird der Leser einer kurzen „philologischen" Untersuchung ein wenig Geduld entgegenbringen müssen.

Der Verfasser besitzt die ersten beiden der drei Klaviersonaten, die von dem Knaben Beethoven im Herbste 1783 als erstes gedrucktes Werk beim Rat Bossler in Speyer herausgekommen waren, und zwar in einer späteren Ausgabe, die eine vollständige Sammlung der Werke des Meisters einleiten sollte und bisher in der Beethovenforschung anscheinend unbekannt war. Auf dem Titelblatte der ersten in Es dur ist u. a. bemerkt: „Nouvelle Edition exacte", das zweite Blatt enthält die Widmung des Verlegers Tobias Haslinger an Beethovens Freund Erzherzog Rudolph, und das dritte diese Erklärung des Meisters selbst :

„Dass sämtliche in dieser von Herrn T o b i a s H a s l i n g e r veranstalteten vollständigen Sammlung meiner Tonwerke, enthaltenen Stücke, von mir componírt sind, bestätige ich der Wahrheit angemessen, indem ich diese Beglaubigung eigenhändig mit meiner Nahmens-Fertigung unterzeichne. Wien den 17. Novbr. 1822

Ludwig van Beethoven
M. p."

Die Unterschrift dieser Beglaubigung ist der Handschrift Beethovens nachgebildet, merkwürdigerweise aber in deutschen Buchstaben. Merkwürdigerweise; denn etwa seit dem

Jahre 1816 bediente er sich gewöhnlich lateinischer für seine Unterschrift. An eine Fälschung wird kaum zu denken sein, um so weniger, als, wie erwähnt, auch schon die zweite Sonate in F moll offenbar als zweite Lieferung der Sammlung erschien. Auffällig ist freilich wieder, dass diese als „1tes Werk, No. 2" gedruckt wurde, während die erste keine Werkzahl bekam. (Bekanntlich hatte Beethoven drei Trios als op. 1 erscheinen lassen.)

Wie es zu diesem Anfange gekommen ist, kann heute noch nicht erschöpfend aufgewiesen werden. Immerhin nimmt es Wunder, dass Thayer im 4. Bande seines grossen Werkes die wichtigen Verhandlungen Beethovens mit Steiner, dessen Teilhaber Haslinger war, nur nebenbei streift und besonders, was Schindler dazu zu sagen hat, ganz übergeht. „Spekulanten wie den Herren Steiner u. Comp. (d. h. Steiner und Haslinger)", sagt Schindler, „konnte es nicht entgehen, dass sie beim Zustandekommen des Leipziger Plans [nämlich mit Hofmeister im Jahre 1816] mit ihren Beethoven'schen Verlagswerken in Nachtheil gerathen, in der Folgezeit aber gar keine neuen Werke mehr von ihm zu erhalten sein dürften. Sie traten demnach mit einem ähnlichen Plane entgegen, wünschend, der Meister möge ihnen nur zwei bis drei Jahre Zeit gönnen, um das Unternehmen beginnen zu können. Mit mathematischer Gewissheit bewiesen sie ihm die grösseren Vortheile sowohl in Bezug auf Honorar als überhaupt, wenn alle Arbeiten, Correkturen u. s. w. unter seinen Augen stattfinden würden. Diese chimärische Vorspiegelung genügte, um den Hoffmeister'schen Plan sogleich fallen zu lassen. Einige Zeit nachher legte diese Wiener Verlagshandlung dem Meister ein Verzeichniss von allen Musikgattungen vor, beginnend mit der Sinfonie und dem Oratorium bis herab zu dem Liede, darin jede Species tarifirt war. Dieses Verzeichnis befindet sich in Tobias Haslinger's Handschrift hier. Darin ist z. B. eine Sinfonie mit 60—80 Ducaten tarifirt, ein ‚grösseres' Oratorium mit 300 Ducaten, ein ‚kleineres' mit 200, ein Requiem mit 120, eine Opera seria mit 300, eine Sonate für Pianoforte allein mit 30, eine grosse Sonate für Pianoforte allein mit 40 Ducaten. Das Ganze war ein so verführerischer Plan, wie er dem Meister niemals vorgemalt worden. Dass er ein geneigtes Ohr gefunden, begreift sich leicht. Nachstehende Anmerkungen von seiner Hand auf dem Verzeichniss bezeugen dies: ‚Man könnte sich auch vorbehalten die Preise manchmal zu ändern oder anders zu bestimmen; wenn man betrachtet, dass dergleichen blos für Oestreich, höchstens Frankreich wäre, und nur noch England dazu bliebe, so könnte es angenommen werden. Bei mehreren behielte man sich vor, die Preise selbst zu bestimmen. Was die Herausgabe sämtlicher Werke betrifft *), so liesse sich vielleicht auch England und Frankreich für den Autor abziehen. Die zu zahlende Summe des Verlegers wäre 10000 Gulden Conv. M. Da sie sich auch einlassen wollten auf die Herausgabe sämmtlicher Werke, so würde meines Erachtens ein s o l c h e r C o n t r a c t das Beste sein. — Vielleicht für London und Paris aushalten, deswegen an Schlesinger einen Brief schreiben.'" . . . .

Schindler stellt den Verlauf der Sache im folgenden so hin: Die anderen Wiener Verleger, die Artaria, Mollo und Cappi hätten dem Meister die Ohren gegen das Steinersche „Monopol-System" vollgeschrien, dieser habe sich von der Unfehlbarkeit der Gegenvorstellungen dieser Herren Konkurrenten überzeugen lassen, der Steinersche Plan sei zu seinem Nachteil, und damit sei das bedrängte Schifflein und der nach allen Winden hinblickende Steuermann wieder fest auf dem Trockenen gesessen. Hiernach wäre es gar nicht erst zu

---

*) Demnach beziehen sich die angegebenen Vergütungssätze nur auf neu zu schreibende Werke. D. V.

dem Unternehmen gekommen. Wenn wir aber nach obiger Beglaubigung annehmen dürfen, dass dieses dennoch eingeleitet wurde, so würde ein Brief, den Beethoven wenige Monate vorher, am 27. Juli 1822, an seinen Bruder Johann richtete, damit zusammenhängen. Es heisst da u. a.: „Die Steiner treiben mich ebenfalls in die Enge. Sie wollen durchaus schriftlich haben, dass ich ihnen alle meine Werke gebe — Jeden Druckbogen wollen sie bezahlen; nun habe ich aber erklärt, dass ich nicht eher mit ihnen in eine solche Verbindung treten will, bis sie die Schuld tilgen. Ich habe ihnen dazu 2 Werke vorgeschlagen, welche ich nach Ungarn geschrieben, u. die als ein paar kleine Opern *) zu betrachten sind; wovon sie auch früher schon 4 Stücke genommen haben. Die Schuld beträgt ungefähr 300 fl. sie haben aber abscheulicher Weise noch Interessen dazugeschlagen, die ich nicht eingehe. Einen Teil Schulden habe ich von Carl's Mutter hierbey übernommen, da ich ihr gerne alles Gute erzeige, insofern Carl dadurch nicht gefährdet wird. Wärst Du hier, so wären diese Sachen bald abgethan; nur die Noth zwingt mich zu dergleichen Seelenverkäuferei."

Es ist an der Zeit, auf ein zweites Unternehmen Haslingers, das mit der ganzen Frage sicher eng zusammenhängt, zu sprechen zu kommen. Da sich Thayer gleichfalls nicht darauf zu beziehen scheint — nur Nohl lässt sich kurz darüber aus —, wird es gut sein, das Wichtigste darüber nach dem Berichte, den die Leipziger Allgemeine Musikalische Zeitung Ende des Jahres 1821 davon erhielt und in der Nummer vom 23. Januar 1822 abdruckte, hier wörtlich zu lesen: „Die hiesigen Blätter erwähnen einer Merkwürdigkeit, die für Deutschland, ja für das ganze musikalische Europa einen zu universellen Bezug hat, als dass wir uns enthalten könnten, eine Anzeige davon hier abdrucken zu lassen. Sie lautet wörtlich: ‚Eine der interessantesten Sehenswürdigkeiten, die Wien gegenwärtig im Gebiete Euterpens darbietet, ist vorzugsweise die hier bestehende Manuskript-Sammlung von Beethovens Tonwerken, die, so wie sie in Hinsicht der Verständigkeit **) und Eleganz dasteht, die einzige ihrer Art ist, und auch wohl für immer bleiben wird. Diese herrliche Sammlung dankt ihre Entstehung, so wie ihre Vollendung, dem als Tonsetzer vorteilhaft bekannten Hrn. Tobias Haslinger, Associé der Musikhandlung des S. A. Steiner, der durch mehr als vier Jahre, weder Zeit, Mühe noch Geld scheute, um alles, was nur immer im Notensatze Beethoven's Seele entfloss, zu sammeln: und als ein Ganzes, auch in der Ausstattung seiner würdig, der Nachwelt aufzubewahren. Nun ist sie vollendet und umfasst auf circa 4000 Musikbogen wirklich alles, was Beethoven, dem seine Zeitgenossen bereits die Palme der Unsterblichkeit gereicht haben, vom ersten flüchtigen Notensatz an bis zum 1sten October dieses Jahres nur immer der Tonwelt überlieferte. Man findet sonach hier die Partitur der Oper Fidelio, das Ballet Prometheus, die Ouverturen zu Coriolan, Egmont, Leonore; das Schlachtgemälde von Vittoria; das Oratorium: Christus am Oelberge; eine Messe; dann eine Menge Sinfonieen, Concerto's, Septette, Sextette, Quintette, Quartette, Terzette, Duette, Sonaten, Serenaden, Märsche, Rondo's, Fantasieen, Variationen, Präludien, Arien, Lieder, Gesänge, Romanzen, Bagatellen u. s. w.; so wie selbst jene Tonstücke, die von Beethoven in seiner Jugend, als Beylagen zu Allmanachen und Zeitschriften oder auf besondere Veranlassung etc. componirte. Sämmtliche Tonstücke sind mit einer bewundernswerthen Reinheit und Correkt-

---

*) Gemeint ist die Musik zu den „Ruinen von Athen" und „König Stephan", geschrieben 1811 nach Kozebueschen Unterlagen für die Einweihung des Pester Theaters. Keines der beiden Werke erschien vor Beethovens Tode vollständig.

**) Soll wohl heissen „Vollständigkeit". D.V.

heit, was die Notenschrift betrifft, von Hrn. Schwarz, der volle vier Jahre daran schrieb, die Aufschriften, Ueberschriften und Titelblätter aber von der Meisterhand eines unserer geschicktesten Kalligraphen, Hrn. Warsow, geschrieben. Ein systematisch-thematisch-chronologisch geordneter Registerband schliesst das Ganze, und die beygebundene Original-Handschrift Beethovens enthält die Bestätigung: dass sämmtliche in dieser vollständigen Sammlung seiner Tonwerke aufgenommene Stücke wirklich von ihm selbst componirt sind. Diese Sammlung eignet sich ganz, um in dem Museo eines hohen Gönners der Kunst den würdigsten Platz einzunehmen. Mehrere Bände dieser herrlichen Sammlung sind in der hiesigen Musikalien-Handlung S. A. Steiner zur Einsicht aufgestellt, und jene, die sich diesen musikalischen Kunstschatz aneignen wollen, können eben daselbst die näheren Verkaufsbedingungen in Erfahrung bringen . . ."

In der Nummer vom 19. Februar 1823 bezieht sich der Wiener Berichterstatter ein zweites und letztes Mal darauf: Das Unternehmen habe noch einen Zuwachs von zwei Folianten erhalten und solle bedauerlicherweise nach England gehen; wenigstens seien schon Musterbände dorthin abgegangen. (Es ist heute im Besitze der Gesellschaft der Musikfreunde in Wien.)

Das Eine ist wohl sicher: Das Unternehmen der begonnenen Gesamtausgabe Haslingers steht im unmittelbaren Zusammenhang mit dem abschriftlichen Wunderwerke. Nur fragt es sich: Sind jene Hefte wirklich noch zu Beethovens Zeiten im Drucke erschienen? Wenn ja, dann ist das neue, diesen Ausführungen beigefügte Schriftstück zwischen den 27. Juli 1822, an dem der Tondichter den erwähnten Brief an den Bruder schrieb, und den 17. November 1822, von dem die Beglaubigung für Haslinger stammt, zu setzen. Die Beglaubigung selbst möchte für diese Entscheidung sprechen.

Aber damit ist die Sache doch nicht so glatt abgetan. Vergleicht man nämlich die oben gesperrt gedruckten Worte des Wiener Berichtes — in der Allg. Mus. Ztg. sind sie es nicht — mit der Beglaubigung, so fällt die fast genaue Uebereinstimmung des Wortlautes auf. Also könnte Haslinger die Bestätigung, die Beethoven für das abschriftliche Unternehmen aufgesetzt hatte, auch für dessen Druckveröffentlichung verwendet haben, und diese könnte natürlich, ebenso gut wie früher, erst nach Beethovens Tode bewerkstelligt worden sein. Damit würde sich freilich eine neue Schwierigkeit ergeben: Die Beglaubigung ist in dem gedruckten Hefte vom 17. November 1822 datiert, der Bericht schon Ende des Jahres 1821 geschrieben. Entscheidet man sich dafür, dass es sich bloss um eine Bestätigung handelt, die nur später abgedruckt wurde, so muss man die Angabe des Jahres 1822 als einen Druckfehler ansehen. Dann wäre aber auch die Frage erledigt, weshalb Haslinger, der ja 1822 noch Teilhaber von Steiner & Co. war, mit seinem eignen Namen als Herausgeber der Ausgabe zeichnete: Diese brauchte dann nicht vor 1826, wo sich Steiner zurückzog, erschienen zu sein, könnte es also auch erst nach Beethovens Tode.

Damit würde natürlich auch die Datierung unseres Schriftstückes wieder mehr in Frage gestellt. Wenn man sich überhaupt für Steiner & Co. als in Aussicht genommene Verleger entschliesst, ist keine Veranlassung, von der Zeit, an der man am meisten drängten, also von der Mitte des Jahres 1822, abzugehen. Ausser auf Steiner könnte sich dann das Schreiben aber auch noch auf Matthias Artaria oder auf den Klavierfabrikanten Andreas Streicher beziehen. (Nur ein Wiener kommt nach dem ganzen Gepräge des Inhaltes für den Kenner Beethovenscher Schriftstücke in Frage.) Artaria war nach Jahn (Ges.

Aufsätze S. 286) gegen Ende des Jahres 1823 ernstlich hinter dem Unternehmen her, während Streicher, der sich nicht als Verleger betätigte, an den Tonmeister im September 1824 mit Ratschlägen zur Erleichterung seiner Lebenslage herantrat. Ein erster Vorschlag handelt über regelmässige Abonnementskonzerte. Dann fährt er fort: „Der zweite Vorschlag, welcher in der Ausführung ganz von Ihnen abhängt, und welcher, wenn Sie ihn ausführen, wenigstens 10000 C. F. oder 25000 Fl. W. W. einbringen muss, ist — die Herausgabe Ihrer sämmtlichen Werke, wie solche von Mozart, Haydn und Clementi veranstaltet worden. Diese Herausgabe würde e i n h a l b e s J a h r v o r h e r in ganz Europa angekündigt und zwar gegen Subscription oder Pränumeration, und nach dem Maßstab der Anzahl von Pränumeranten mit dem Verleger, der die vortheilhaftesten Bedingungen macht, ein Contract abgeschlossen. Wenn Sie in der Ankündigung bemerken, dass Sie 1) alle Clavier Stücke, welche vor Einführung der Pianoforte von 5¹/₂ oder 6 Octaven geschrieben worden, hie und da umändern und nach den jetzigen Instrumenten einrichten wollen, wenn Sie 2) den Claviersachen auch einige neue ungedruckte Stücke beifügen, so ist diese Herausgabe wie ein ganz frisches neu componirtes Werk zu betrachten, und muss auch von demjenigen gekauft werden, der Ihre früheren Werke schon besitzt . . ." Immerhin will uns die Annahme aus inneren Gründen weniger natürlich erscheinen, dass unser Schreiben auf eine solche Anregung hin entstanden sein könne. Am zwanglosesten wird daher die Zeit von 1822/3 für seine Entstehung sprechen. Eine ganz bestimmte Zeitangabe wird gegenwärtig aber noch nicht möglich sein.

Der Plan einer Gesamtausgabe kam bis gegen Ende 1826 nicht zur Ruhe. Noch verhandelte Beethoven mit Schlesinger aus Berlin und mit Schott in Mainz, wieder ohne dass es zu einem Ergebnis gekommen wäre. Bezieht sich auf Haslinger, der ja seine Abschriften der Werke Beethovens nicht ohne alle kaufmännische Absichten hatte herstellen lassen, wenn der Meister am 18. Oktober 1826 an Schott u. a. schreibt: „Die Herausgabe meiner sämmtlichen Werke betreffend wünsche ich Ihre Meinung zu erfahren . . . . . Hätte ich nicht aus allen Kräften dagegen gestrebt, so hätte man die Herausgabe schon theilweise begonnen, welches für die Verleger nachtheilig wie auch für mich ohne Vortheil wäre . . "? Dass diese Zeilen gewichtig gegen die Annahme sprechen, dass Haslingers Ausgaben vor Beethovens Tode anzusetzen wären, sei nicht verhehlt.

Man kann aus diesen Ausführungen ersehen, wie viel auch in Beethovens Lebensgeschichte trotz dem ausgezeichneten fünfbändigen Werke Thayers noch ungeklärt sein mag. Aber wenn auch die näheren Umstände der Entstehung des neuen Schriftstückes noch einigermaßen rätselhaft erscheinen, so trübt das schwerlich seinen frischen, von starkem künstlerischen Selbstgefühl durchwehten Eindruck.

Druck von J. F. Carthaus, Bonn.
Lithographie nach Reproduktion von H. Rose, Photograph, Bonn.

CPSIA information can be obtained
at www.ICGtesting.com
Printed in the USA
LVHW08*1708140818
586953LV00010B/159/P